Manchmal stotter' ich eben

Ein Buch für stotternde Kinder
von 7 bis 12 Jahren

von Eelco de Geus

aus dem Niederländischen von Almut Fleißner

Über den Autor:

Eelco de Geus arbeitet seit 20 Jahren auf dem Gebiet der Kommunikation. In den Niederlanden leitete er ein Zentrum für Logopädie und Stottertherapie.

Impressum:

Bundesvereinigung Stotterer-Selbsthilfe e.V., Köln
www.bvss.de

Titel der niederländischen Originalausgabe:
Ik stotter gewoon

Übersetzung aus dem Niederländischen: Almut Fleißner

Titelfotos: © Eléonore H., alephnull (2), Jacek Chabraszewski / Fotolia.com
Fotos: © Vasiliy Koval (2), Leah-Anne Thompson, Marzanna Syncerz, Philippe Minisini, Miredi, alephnull (3), Yevgeniy Zateychuk, Alexey Petrunin, Christian Schwier, lu-photo, Destonian, Jacek Chabraszewski, Sandra Neumann, Paul Hill, pressmaster, helix, Eléonore H., Dron, Mikael Damkier, Jeanette Dietl / Alle Fotos / Fotolia.com

Layout und Satz: Marion Stelter
Umschlaggestaltung: Marion Stelter, www.stelter-grafik.de
Druck: Druckerei und Verlag Steinmeier, Deiningen

3. überarbeitete Auflage 2011
Printed in Germany

ISBN 978-3-921897-63-8

Dieses Buch wurde gefördert vom
Bundesministerium für Familie, Senioren, Frauen und Jugend (BMFSFJ)
www.bmfsfj.de

Inhalt

Bevor du dieses Buch liest

Dies ist ein Buch für alle Kinder, die stottern.

Wenn du stotterst, dann macht dein Mund nicht das, was du gerne willst. Manchmal möchtest du etwas sagen, und dann geht es nicht. Manchmal sagst du etwas, und schon quatscht jemand dazwischen: „Stotter nicht so" oder „Mach mal langsam" oder „Hol erst mal tief Luft". Das ist nicht schön. Dann vergisst du oft, was du erzählen wolltest. Oder du wirst sauer oder traurig. In diesem Buch steht einiges über Stottern:

- Woran es liegt, dass du stotterst ...
- Dass du mal stotterst und ein andermal nicht ...
- Dass manche Menschen es nicht verstehen ...
- Dass du manchmal deswegen geärgert wirst ...
- Dass viele andere Kinder auch stottern und dass Stottern manchmal schlimm ist und manchmal nicht ...

Ein paar Kinder, die stottern, haben für dieses Buch etwas geschrieben. Aus ihren Geschichten kann jeder eine Menge lernen. Ich bin sehr froh, dass sie mir geholfen haben. Und für Väter und Mütter, Omas und Opas, Onkel und Tanten, Lehrer und Lehrerinnen und deinen Bruder oder deine Schwester stehen ein paar Briefe in diesem

Buch. Dann verstehen sie das Stottern ein bisschen besser und können dir besser helfen.
Wenn du möchtest, kannst du diese Briefe aus dem Internet herunterladen und verschickst sie als Mails.
Du kannst die Briefe natürlich auch ausdrucken und sie mit der Post verschicken oder sie einfach persönlich abgeben. Näheres zu den Briefen findest du auf den Seiten 36 und 37.

Wenn du noch keine neun Jahre alt bist, ist dieses Buch ziemlich schwierig zu lesen. Frag dann deinen Vater oder deine Mutter, ob sie es mit dir zusammen lesen wollen.
Ich hoffe, du magst dieses Buch.

Eelco de Geus

* **Niemand findet es schön zu stottern.** Beim Stottern kannst du manche Worte nicht so leicht ausdrücken. Manchmal verschließt sich deine Kehle oder dein Mund, und dann geht es mit dem Sprechen einen Moment lang einfach nicht weiter. Oder du sagst den ersten Teil eines Wortes ein paar Mal hintereinander.

Wenn du dich ganz besonders anstrengst weiter zu sprechen, klappt das manchmal schon, aber oft geht es gerade dann erst recht nicht mehr. Dein Bauch verkrampft sich und du musst mit deinem Mund oder deinem ganzen Gesicht richtige Grimassen schneiden, um weiter zu kommen. Andere Menschen können hören, dass du stotterst. Manchmal finden sie das komisch. Oft versuchen sie dir zu helfen, was in einigen

Fällen ganz gut ist. Aber oft passiert es auch, dass es dann erst recht nicht mehr geht. Menschen, die nicht stottern, finden es schwierig, Stotternde zu verstehen. Sie wissen oft nicht, was sie tun können, um zu helfen. Das kannst du gut in ihren Gesichtern lesen: Sie gucken dann komisch oder werden ein bisschen nervös. Wenn sie nervös werden, machen sie manchmal andere blöde Sachen. Das liegt nicht an dir. Das liegt daran, dass sie zu wenig vom Stottern wissen. Du solltest diese Menschen ruhig einmal dieses Buch lesen lassen. Wenn sie das Stottern besser verstehen, brauchen sie nicht mehr nervös zu werden. Dann bist du es, der ihnen ein bisschen geholfen hat.

Manchmal stotterst du und manchmal stotterst du nicht

Es ist schon verständlich, dass andere Menschen Stottern nicht gut verstehen können. Das eine Mal sprichst du nämlich flüssig, und ein anderes Mal geht es auf einmal viel schwerer. Wenn du allein in deinem Zimmer spielst und laut redest, geht es von selbst. Wenn du mit einem Baby oder einem Tier sprichst, geht es auch leicht. Wenn du singst, stotterst du nicht. Manche Kinder stottern nicht, wenn sie wütend sind. Andere Kinder stottern gerade dann. Vielleicht kannst du dich mit deinem kleinen Bruder oder deiner Schwester ganz leicht unterhalten, während es dir bei großen Leuten schwerer fällt. Manche Kinder stottern in der Schule viel und zu Hause wenig. Bei anderen Kindern ist das Sprechen zu Hause schwieriger als in der Schule. Es gibt eine Menge Kinder, die in den Sommerferien wenig oder überhaupt nicht stottern. Aber es gibt auch viele Kinder, die gerade dann flüssiger sprechen, wenn sie in der Schule sind, und viel mehr Mühe haben, wenn sie in den Ferien mit anderen spielen wollen. Wenn Kinder sehr müde oder krank sind, stottern sie manchmal häufiger, andere Kinder stottern gerade dann weniger. Verstehst du das noch? Es ist ziemlich schwer zu begreifen, da es jedes Mal wieder anders ist. Deswegen verstehen viele Menschen auch so wenig vom Stottern.

Jedes Kind spricht auf seine eigene Art:

Das eine Kind spricht schnell,
das andere Kind spricht langsam.

Manche Kinder sprechen leise,
andere Kinder sprechen laut.

Alle sprechen auf ihre eigene Art. Deswegen stottern Kinder auch auf ihre eigene Art.

Und das ist auch gut so. Wäre es nicht langweilig, wenn wir alle genau gleich wären?

* **Menschen können manche Dinge gut und andere Dinge weniger gut.** Es gibt Kinder, die sehr schnell laufen können, und Kinder, die bei Wettrennen überhaupt nicht gut sind. Einige zeichnen total toll oder können supergut rechnen. Genau das finden andere Kinder wiederum sehr schwierig.

Lass uns das Zeichnen mal als Beispiel nehmen: Beim Zeichnen müssen alle Muskeln deiner Hand, deines Arms und deiner Finger gut zusammenarbeiten. Tun sie das nicht, fällt dir das Zeichnen wahrscheinlich schwer. Dann ist die Zusammenarbeit all dieser Muskeln so etwas wie ein schwacher Punkt bei dir. Das ist nicht schlimm. Du musst dir nur etwas mehr Zeit nehmen, um ein schönes Bild zu zeichnen. Wenn du es zu schnell machen willst, geht es nicht gut. Auch wenn du nervös bist, klappt es nicht besonders. Und wenn du Angst hast, einen Fehler zu machen, geht es völlig daneben. Menschen, die gut zeichnen können, haben damit keine Schwierigkeiten: Sie können sehr schnell zeichnen, auch wenn sie aufgeregt sind. Und sie haben keine Angst Fehler zu machen.

Beim Sprechen ist das genauso. Manche Menschen finden das völlig leicht – sie haben damit überhaupt keine

Probleme. Bei Menschen, die stottern, ist das Sprechen aber ein schwacher Punkt. Dann ist es für den Körper schwieriger, die Muskeln der Lippen, der Zunge, der Kehle und des Bauchs gut zusammenarbeiten zu lassen. Geht es dir auch so? Wenn du sehr langsam sprichst und dich ruhig fühlst, ist das alles kein Problem, dann klappt es mit dem Sprechen super. Das merkst du zum Beispiel, wenn du allein bist und laut redest, wenn du singst oder mit deiner Katze, deinem Hund oder Hamster sprichst. Dann fühlst du dich ganz gelassen und stotterst überhaupt nicht.
Wenn du aber schnell etwas sagen willst oder nervös bist, wird es schwieriger, und dann stotterst du ein bisschen

mehr. Und wenn du auch noch Angst hast, etwas falsch zu machen, und dir große Mühe gibst, nicht zu stottern, wird es noch schwieriger. Dann musst du manchmal deine Augen schließen oder sehr fest zusammenkneifen oder eine Grimasse schneiden, um weiterreden zu können. Kinder, die große Angst haben zu stottern, trauen sich manchmal nicht mehr richtig zu sprechen. Sie gehen dann nicht ans Telefon, sprechen ihre Sätze nicht zu Ende oder suchen nach anderen Wörtern. Das ist alles andere als angenehm. Deshalb ist es viel besser, einfach fröhlich drauflos zu stottern. Dann fühlst du dich weniger nervös und das Sprechen wird meistens von alleine schon ein bisschen einfacher.

Und wenn du auch noch Angst hast, etwas falsch zu machen, und dir große Mühe gibst nicht zu stottern, wird es noch schwieriger.

* **Du hast schon gelesen, dass jeder auf seine eigene Art stottert.** Manche Kinder wiederholen ein Wort oder einen Buchstaben ein paar Mal, andere Kinder bleiben hängen. Manche Kinder schneiden eine Grimasse, andere nicht. Manche finden Stottern so schrecklich, dass sie lieber nicht zu viel reden, andere Kinder reden einfach trotzdem.

Man könnte sagen: Es ist eine richtige Kunst, gut zu stottern.

Wie stotterst du? Schau dir mal folgende Liste an. Vor all den typischen „Stottersachen" ist ein Kreis, den du ausmalen kannst. Nimm einen Buntstift und male genau die Kreise vor den Sachen aus, die auch zu deinem Sprechen gehören:

- **einen Buchstaben ein paar Mal wiederholen**
- **ein Wort ein paar Mal wiederholen**
- **auf einem Wort hängen bleiben**
- **erst Luft ausblasen und dann reden**
- **die Augen beim Stottern zumachen**
- **einen Buchstaben lang ziehen („Vvvvase")**
- **den Kopf bewegen, wenn man stottert**

- den Körper bewegen, wenn man stottert
- aufhören zu reden
- warten, bis jemand das sagt, was man sagen will
- nach anderen Wörtern suchen

Eigentlich ist es wirklich eine Kunst, gut zu stottern, findest du nicht? Versuch deinem Vater oder deiner Mutter mal beizubringen, wie sie stottern müssen. Dann werden sie merken, wie schwierig es ist, das gut zu machen!

* **Menschen werden sauer, wenn etwas nicht klappt.** Wenn man immer wieder versucht, etwas zu machen, und es klappt nie, dann kann man sehr, sehr wütend werden. Menschen werden oft auch traurig, wenn etwas jedes Mal daneben geht.
Es ist nicht so schlimm, wenn du mal von deinem Vater oder deiner Mutter oder in der Schule bestraft wirst. Aber wenn das jeden Tag passiert, wirst du traurig. Große Leute lassen sich oft nicht anmerken, dass sie über etwas wütend oder traurig sind. Aber wenn du sie sehr genau beobachtest, kannst du es ihnen schon anmerken. Sie werden dann still oder schimpfen viel oder wollen gern ein Weilchen alleine sein.
Wenn du mal stotterst, ist das überhaupt nicht schlimm. Aber wenn dir das Sprechen oft schwer fällt, kannst du sauer werden. Vielleicht wirst du wütend auf deinen Mund oder richtig zornig über dein Stottern. Vielleicht geht das Sprechen manchmal so schwer, dass du traurig wirst, traurig über dieses dämliche Stottern. Menschen weinen, wenn sie traurig sind. Vielleicht hast du gelernt, dass du nicht weinen darfst, dass du groß und stark sein musst. Aber Stottern kann manchmal so schlimm sein, dass du ruhig mal deswegen weinen darfst. Du darfst

auch sehr wütend darüber werden. Wenn du nämlich mal ordentlich weinst oder richtig sauer wirst, fühlst du dich bald viel besser!
Vielleicht willst du nicht weinen oder sauer werden, wenn jemand anderer dabei ist. Dann mach es doch einfach, wenn dich niemand sieht!!

Aber sei nicht allzu sauer auf dich selbst. Schließlich kannst du doch nichts dafür, dass du stotterst!

Janine ist sieben Jahre alt. Sie findet es manchmal sehr schlimm, dass sie stottert. Zu ihrem Geburtstag bekam sie eine Puppe, die ihren Mund bewegen kann.
Sie nannte ihre Puppe „Stotterpuppe". Jedes Mal, wenn sie wütend oder traurig ist, erzählt sie das ihrer Puppe. Auch wenn sie mal weinen muss, ist ihre Puppe dabei: Zusammen weinen sie natürlich viel gemütlicher als alleine ...

Rolf hat sich etwas anderes ausgedacht. Er hat eine Menge Autos. Wenn er wütend oder traurig ist, lässt er seine Autos zusammenstoßen. Dann spielt er, die Polizei würde kommen und den „Unfall" aufnehmen. Den Polizisten erzählt er, weshalb er so sauer ist.

Wenn du wegen deines Stotterns geärgert wirst

* **Kinder können wirklich gemein sein!** Sie ärgern sich gegenseitig aus den verschiedensten Gründen. Ist ein Kind größer als die anderen, wird es oft deswegen geärgert. Und wenn es kleiner ist als andere, dann zieht man es auch auf!

Du kannst gehänselt werden, weil du eine große Nase oder große Ohren hast, weil du oft krank bist oder nicht so schnell laufen kannst, weil deine Haare rot sind oder weil du Rechnen schwierig findest, weil du komische Klamotten trägst oder ein altmodisches Fahrrad hast.

Es ist ganz normal, dass Kinder sich ab und zu gegenseitig ein bisschen ärgern.
Aber wenn du dein Fahrrad selber blöd findest, und jemand macht sich darüber lustig, dann tut das echt weh. Dann macht Ärgern keinen Spaß mehr!!

Genauso ist das auch mit dem Stottern. Du findest es schlimm, dass du stotterst. Deshalb tut es umso mehr weh, wenn dich deswegen jemand ärgert.

Wenn ein Kind dich ärgert, kannst du zum Lehrer oder zur Lehrerin, zu deinem Vater oder zu deiner Mutter rennen und es ihnen erzählen. Du kannst aber auch etwas ganz anderes machen und „zurückärgern". Und das ist gar keine so dumme Idee. Denk über jeden Einzelnen nach und du findest bestimmt etwas, womit du sie oder ihn „zurückärgern" kannst!

Mark ist ein neunjähriger Junge, der stottert. Er hat eine ganz tolle Lösung gefunden: Jedes Mal, wenn er wegen seines Stotterns geärgert wurde, sagte er: „Du darfst mich erst ärgern, wenn du genauso gut stottern kannst wie ich!"
Jetzt trauen sich die anderen Kinder nicht mehr etwas über sein Stottern zu sagen.

Manche Menschen verstehen es gar nicht

Du hast schon gelesen, dass es die unterschiedlichsten Arten des Stotterns gibt. Jedes Kind stottert anders. Und wenn du stotterst, dann stotterst du auch immer wieder anders. Menschen, die nicht stottern, verstehen das nicht. Menschen wollen gerne, dass Dinge unverändert bleiben. Wenn die Dinge jedes Mal wieder anders sind, beunruhigt sie das. Dein Vater oder deine Mutter machen sich vielleicht Sorgen übers Stottern. Sie wollen gerne, dass es dir gut geht, und darum finden sie es schlimm für dich, dass du stotterst. Große Leute und deine Geschwister versuchen oft dir zu helfen. Manchmal tun sie es, weil sie es so schlimm für dich finden, manchmal, weil sie das Stottern erschreckt und sie lieber wollen, dass es aufhört.

Um zu helfen, sagen Menschen manchmal etwas Gutes und manchmal etwas Falsches:

- „Hol erst mal tief Luft!“,
- „Mach mal langsam!“,
- „Fang mal wieder von vorne an!“,
- „Wenn du dich richtig bemühst, klappt es bestimmt!“,
- „Stotter nicht so!“,
- „Denk erst mal gut nach, was du sagen willst!“ und eine Menge anderer Dinge.

Manchmal ist es schon okay, wenn Menschen so etwas sagen, aber meistens nicht. Denn du gibst dir schon solche Mühe, gut zu sprechen, und dann musst du dich noch mehr anstrengen, und ... schon wird das Sprechen nur noch mühseliger.

Das wissen andere Menschen natürlich nicht. Deshalb ist es wichtig, dass du ihnen etwas über dein Stottern erzählst. Dann verstehen sie dich besser. Und dann lernen sie auch von dir, was sie sagen und was sie lieber nicht sagen oder tun sollen, wenn du stotterst. Vielleicht findest du es schwierig, über dein Stottern zu reden. Dann gib ihnen einfach dieses Buch! Sie sollten es lesen! Oder sprich mit deinem Vater oder deiner Mutter darüber. Wahrscheinlich werden sie dir sofort helfen es anderen Menschen zu erklären.

Tim ist 11 Jahre alt.

Er stottert besonders viel in der Schule. Sein Lehrer konnte damit überhaupt nicht umgehen. Jedes Mal, wenn Tim etwas erzählen wollte, wurde er nervös und nahm schnell ein anderes Kind an die Reihe. Der Lehrer dachte, dass Tim ihm dafür dankbar wäre. Aber Tim fand das ganz im Gegenteil einfach schrecklich! Er erzählte es seiner Mutter. Zusammen sprachen sie mit dem Lehrer. Sie haben ausgemacht, dass Tim in Zukunft alles erzählen darf und sich niemand in der Klasse an seinem Stottern stört!

Jetzt findet Tim es wieder schön in die Schule zu gehen!

* **Es ist nicht verboten große Ohren zu haben oder rote Haare oder blonde Haare** oder eine dicke Nase oder große Füße oder schöne Kleider oder ein teures Fahrrad oder eine kleine Nase. Es ist deshalb auch nicht verboten zu stottern. Wenn du denkst, dass Stottern nicht erlaubt ist, strengst du dich so sehr an, dass du dann erst recht viel mehr stotterst. Davon hat niemand etwas. Deshalb sage ich immer:

STOTTERN IST OKAY!

Wenn du weißt, dass du ruhig stottern darfst, dann brauchst du dich nicht mehr so anzustrengen. Und oft wird das Sprechen dann gleich ein bisschen einfacher.

Lydia ist ein zehnjähriges stotterndes Mädchen.
Sie fand es schrecklich, dass sie stotterte. Darum war Stottern, ihrer Meinung nach, verboten. Sie gab sich solche Mühe, nicht mehr zu stottern, dass es immer schlimmer wurde. Zusammen mit ihrem Vater und ihrer Mutter beschlossen wir in der Therapie, dass Stottern nicht verboten ist. Wir machten alle möglichen Spiele um das Stottern, und vor kurzer Zeit haben wir diesen Spruch gedichtet:

STOTTERN IST OKAY,
MACH DIR RUHIG MUT,
STOTTERN TUT DIR GUT!

Wir mussten darüber alle sehr lachen. Lydia ist viel fröhlicher geworden. Sie findet Stottern nicht mehr so schlimm und ... sie stottert schon viel weniger!

* **Wenn man stottert oder etwas anderes nicht in Ordnung ist, denkt man schnell, dass man selbst etwas falsch macht** oder dass andere Menschen einen nicht mögen. Nicht nur Kinder denken das, sondern auch viele große Leute.

Geht dir das auch so? Dann hast du an eins nicht gedacht: Dann hast du vergessen, dass es wichtig ist, dass es dich gibt. Dass du eine Menge Dinge sehr gut kannst und dass es viele Menschen gibt, die dich mögen.

Menschen sagen das nicht oft zueinander. Ich glaube, sie haben ein bisschen Angst davor. Das ist sehr schade, denn darum vergisst du so schnell, dass du wirklich sehr wichtig bist. Und wenn du das vergisst, fühlst du dich innerlich nicht so gut.

Daran kannst du etwas ändern, indem du Dinge über dich selber herausfindest! Vielleicht findest du das schwierig. Dann bitte deinen Vater oder deine Mutter, ob sie mit dir zusammen überlegen können.

Überleg mal, was du alles gerne machst, und schreib es hier auf:

1. ______________________________
2. ______________________________
3. ______________________________
4. ______________________________

Denk jetzt mal darüber nach, was du gut kannst:

1. ______________________________
2. ______________________________
3. ______________________________
4. ______________________________

Und überleg dir jetzt: Warum mögen mich andere Menschen?

1. ______________________________

2. ______________________________

3. ______________________________

4. ______________________________

Lies dir alles ein paar Mal gut durch!
Vielleicht fällt dir noch viel mehr ein.
Darum bist du sehr wichtig. Und darum sind andere Menschen sehr froh, dass es dich gibt. Darum haben andere Menschen dich sehr, sehr lieb.

VERGISS DAS NICHT!

* **Ich kenne viele Kinder, die stottern.** Sie können sehr gut erzählen, was sie vom Stottern halten. Vielleicht ähneln diese Geschichten ein wenig auch deiner Geschichte. Lies mal, was ANNE, **sie ist neun Jahre alt,** über ihr Stottern aufgeschrieben hat:

„Ich finde Stottern blöd. Deshalb mache ich eine Geschichte übers Stottern. Ich stotter jedes Mal, wenn ich zu meinem Opa, meiner Oma, meinen Onkeln und Tanten komme. Dann stotter ich sehr. Wenn ich in der Schule Streit habe, schimpfen die anderen Kinder mich „Stotterliese". Und das finde ich nicht nett. Stottern ist nicht schön. Ich stotter bei jedem. Ich finde das schrecklich, und ich finde, dass Stottern richtig blöd ist ..."

SEBASTIAN ist jetzt 13 Jahre alt. Er kann sehr gut erzählen, was er übers Stottern denkt:
„Wie muss ich stottern? Früher habe ich gelernt, leichter zu stottern, und damals ging das sehr gut. Aber jetzt bin ich ein paar Jahre älter, und es geht wieder sehr schwer. Jetzt bin ich wieder in Stottertherapie, und es geht schon

wieder ein bisschen besser. Es macht Spaß zur Stottertherapie zu gehen. Und das ist auch gut so, denn wenn es dir keinen Spaß macht, hilft es auch nichts. Ich will mein Stottern gerne los werden. Aber was ist das Schwierigste am Stottern? Wenn ich stotter, bleib ich meistens hängen. Dann entsteht sehr viel Spannung in meinem Mund und ich stecke fest. Stottern ist nicht schön. Aber manchmal denke ich mir, dass Stottern nicht verboten ist und dass ich ruhig ein bisschen stottern darf. Und das hilft. Nur wenn ich bei fremden Menschen bin, die mich etwas fragen, gebe ich mir sehr viel Mühe, nicht zu stottern. Und dann stotter ich erst recht. Wenn ich sehr schnell etwas sagen will, geht das auch nicht. Dann beginnen die Menschen zu raten, was ich sagen will. Das ist nett gemeint, aber ich finde das nicht gut, denn ich will es ja selber sagen! Früher habe ich sehr schnell gesprochen, aber jetzt nicht mehr. Denn ich habe gelernt:

EILST DU DICH SEHR, STOTTERST DU SCHWER!

Ich will an meinem Stottern arbeiten. Ich hoffe, ich werde irgendwann einmal wieder flüssiger sprechen können."

MATTHIAS findet das ganze Gestotter sehr blöd. **Er ist jetzt elf Jahre alt** und geht auf die Realschule. Er kommt jede Woche zusammen mit einem anderen Jungen in die Therapie zu mir. Wir machen alle möglichen Sachen, um etwas flüssiger sprechen zu lernen. Das macht viel Spaß. Und wenn es so viel Spaß macht, geht das Sprechen auch besser. Hier ist seine Geschichte: „Ich finde es nicht schön, dass ich stotter, aber man stirbt nicht davon,

das habe ich gelernt. Wenn ich vor der Klasse lesen muss, denke ich: Ich darf nicht stottern. Aber trotzdem stottere ich, und das finde ich das Schlimmste am Stottern. Ich hoffe, dass ich noch viel lernen und wieder ein bisschen fröhlicher werden kann. Ich weiß nicht viel zu schreiben, aber ich hoffe, dass das genug ist."

Und das ist die Geschichte von EDDIE:
„Ich bin **ein 13-jähriger Junge**. Ich stottere schon sehr lange. Ich denke bestimmt schon acht Jahre. Seit ich zwölf bin, gehe ich zur Logopädie. Erst war ich bei einer Frau, aber später bin ich zu einem Mann gegangen. Er sagt zwar: „Hier darfst du ruhig stottern, weißt du?", aber tief in mir drin denke ich doch anders darüber. Wenn ich stottere, schäme ich mich fürchterlich. Stottern ist für mich eine Behinderung."

MARIE ist 13 Jahre alt.
Das ist ihre Geschichte:

„Wenn wir in der Schule vorlesen müssen, habe ich immer große Angst dranzukommen. Beim Lesen stottere ich ganz stark. Ich komme mir dann blöd vor und werde sauer, weil ich eigentlich gerne lese und gut lesen kann, aber in der Schule klappt das einfach nicht. Letztens sind wir mit einer anderen Klasse zusammengelegt worden. Die wussten natürlich zuerst noch nicht, dass ich stottere. Einer von den Neuen hat angefangen zu lachen, als ich zum ersten Mal vorlesen musste. Ich hab dann hochgeguckt und gesehen, wie ihn die anderen aus meiner Klasse böse angesehen haben. Er hat dann aufgehört zu lachen. Das war gut."

Erzähl deine eigene Geschichte

* **Du hast jetzt einige Geschichten von anderen Kindern gelesen.** Aber du hast natürlich auch eine eigene Geschichte. Es macht viel Spaß, seine eigene Geschichte aufzuschreiben. Vielleicht bist du ja wütend auf dein Stottern. Dann kannst du einen wütenden Brief schreiben.
Vielleicht findest du Stottern gar nicht mal so schlimm. Dann kannst du das auch aufschreiben.
Oder vielleicht weißt du nicht so genau, wie du mit deinem Stottern umgehen sollst. Schreib es auf! Es tut dir gut! Bestimmt!
Erzähl einfach deine eigene Geschichte. Schreib sie auf ein Blatt Papier und überlege dir, was du dann damit machen willst. Du kannst sie für dich selber aufbewahren oder deinem Vater oder deiner Mutter zum Lesen geben. Das bestimmst du ganz allein.
Du kannst deine Geschichte auch an uns schicken. Wir fänden das toll! Wir lernen eine Menge aus den Geschichten von stotternden Kindern. Und je mehr wir von euch lernen, desto besser können wir wiederum anderen stotternden Kindern helfen.

Vielleicht willst du den Kindern, die ihre Geschichte in diesem Buch aufgeschrieben haben, etwas sagen. Schreib es dann einfach in deinen Brief. Dann sorgen wir dafür, dass es bei den Kindern ankommt. Und wenn du viele Fragen zum Stottern hast, dann stelle sie! Vielleicht hast du ja Sprachunterricht bei einem Logopäden. Ihn oder sie kannst du natürlich auch alles fragen. Wenn du das nicht willst oder keinen Sprachunterricht hast, schick deine Fragen einfach in einem Brief an uns. Vielleicht wissen wir ja eine Antwort darauf, und dann bekommst du von uns einen Brief zurück. Du kannst alles fragen, was du willst!

Hier ist unsere Adresse. Dorthin kannst du deinen Brief schicken:

Bundesvereinigung
Stotterer-Selbsthilfe e.V.
Zülpicher Straße 58
50674 Köln
info@bvss.de

Mach mal eine schöne Geschichte aus deiner Geschichte!

* **Kommt es dir manchmal so vor, als wärst du der Einzige auf der Welt, der stottert?** In diesem Buch hast du längst gelesen, dass das wirklich nicht so ist!
Es gibt auch viele Menschen, die dir mit deinem Stottern helfen können.
Natürlich kannst du dich immer an deinen Vater oder deine Mutter wenden. Aber manchmal ist das nicht genug. Dann kannst du zu einem Stottertherapeuten oder zu einer Stottertherapeutin gehen. Sie wissen alles übers Stottern. Sie können Übungen mit dir machen, damit du etwas flüssiger sprechen lernst.

Aber das Wichtigste ist: Mit ihnen kannst du übers Stottern reden, denn sie verstehen dich immer! Und sie können deinem Vater oder deiner Mutter erklären, was Stottern ist. Sie können deinem Lehrer oder deiner Lehrerin sagen, wie sie dir am besten helfen können.
Also, wenn du Stottern lästig findest, dann geh mal mit deinem Vater oder deiner Mutter zu einem Stottertherapeuten oder einer Stottertherapeutin.

Wo du gute **Stottertherapeutinnen oder Stottertherapeuten** findest, das kann dir die **Bundesvereinigung Stotterer-Selbsthilfe** sagen. Dort gibt es ein Verzeichnis und du kannst dich dort beraten lassen.
Am Schluss dieses Buches findest du die Adresse, Telefonnummer und Internetadresse der Bundesvereinigung Stotterer-Selbsthilfe.
Was die Bundesvereinigung Stotterer-Selbsthilfe sonst noch alles macht und welche Bücher und Filme sie zum Stottern anbietet, steht ebenfalls am Schluss dieses Buches.

Zusätzlich findest du Adressen der **Berufsverbände der Therapeuten und Therapeutinnen**, die sich mit Stottern auskennen.

Auf den folgenden Seiten findest du ein paar Briefe. Diese Briefe erklären deinen Geschwistern, deinen Eltern, deinen Lehrern und Lehrerinnen, deinen Großeltern und deinen Onkels und Tanten etwas über Stottern und wie sie dir helfen können.
Lies dir die Briefe einmal genau durch und wenn du mit den Inhalten der Briefe einverstanden bist und es möchtest, kannst du sie verschicken.
Du kannst die Briefe aus dem Buch fotokopieren, du kannst sie aber auch aus dem Internet ausdrucken oder aus dem Internet herunterladen und als Mail verschicken.
Du findest die Briefe im Internet unter der Adresse der Bundesvereinigung Stotterer-Selbsthilfe.
Wenn du **www.bvss.de/5briefe** eingibst, kommst du direkt auf die Internetseite mit den 5 Briefen, die auch so auf Seite 50 in diesem Buch abgedruckt sind.

Inzwischen gibt es viele Mobiltelefone (Handys) und ähnliche Geräte mit einer eingebauten Kamera mit der

man solche QR-Codes scannen kann. Wenn du ein solches Gerät besitzt kannst du diesen QR-Code scannen und kommst dann direkt auf die Internetseite mit den 5 Briefen.

Wenn du einen einzelnen Brief anklickst, öffnet er sich und du kannst deinen Namen in die freien Zeilen schreiben. Danach kannst du die Briefe ausdrucken und sie mit der Post verschicken oder sie einfach persönlich abgeben. Du kannst aber auch eine Mail schreiben und den Brief als Anhang beifügen.
Wenn du nicht genau weißt, wie das mit den Briefen im Internet geht, kannst du natürlich auch deine Eltern, deine älteren Geschwister oder einen Freund oder eine Freundin fragen. Sie werden dir sicher gerne helfen.

Ein Musterbrief

Dies ist ein Musterbrief bei dem du siehst, wo du deinen Namen eintragen kannst.

Lieber Bruder, liebe Schwester von Markus !

Ich habe ein Buch für Markus geschrieben. Und in diesem Buch steht dieser Brief, den dir Markus gegeben hat. Du weißt natürlich schon lange, dass Markus stottert. Du hast bestimmt schon oft versucht, beim Sprechen zu helfen. Manchmal ging es dann besser, aber manchmal auch nicht. Woran liegt das? Markus spricht am besten, wenn er/sie sich innerlich ruhig fühlt. Das kommt dir gewiss nicht so ganz fremd vor: Wenn du in einer großen Gruppe Menschen etwas sagen musst, bist du auch angespannt und weißt dann meistens nicht genau, was du sagen sollst. Zum Glück stotterst du dann nicht. Markus hat etwas mehr Mühe beim Sprechen und stottert schon, wenn er/sie aufgeregt ist. Man kann durch alles Mögliche angespannt sein. Weil man bald Geburtstag hat. Weil man gleich ein Zeugnis bekommt. Weil man in die Ferien fährt. Oder weil man Angst hat, Dinge nicht gut zu machen. Weil man ein bisschen krank ist oder sehr große Eile hat. Weil man denkt, dass andere Kinder einen dumm finden könnten. Oder weil man Angst hat, etwas falsch zu machen. Solche Sachen sind für uns alle sehr aufregend.

Jeder kennt diese Spannungen, aber nicht jeder lässt sie sich anmerken. Wenn du stotterst, wird das etwas schwieriger. Dann kann jeder dir anhören, dass du angespannt bist. Deshalb wird Markus sich immer sehr anstrengen, das Stottern zu verbergen. Weißt du, was dann passiert? Dann wird der innere Druck noch größer und … man stottert noch mehr. Aufgeregt sein ist ganz normal. Das kennst du, und das kenne ich auch. Wir denken nur sehr oft, dass wir das nicht sein dürfen. Wir denken oft, dass wir alles gut machen müssen. Aber niemand kann alles gut. Du kennst sicher auch Probleme, die du schwierig findest. Probleme, bei denen du angespannt bist. Das darf auch so sein. Genauso wie Markus das Sprechen schwierig finden darf. Es hilft eine ganze Menge, wenn Markus das Gefühl bekommt, dass Stottern nicht verboten ist und dass ruhig gestottert werden darf. Das ist der erste Schritt, um weniger zu stottern. Es hilft auch sehr, wenn Markus einen Bruder oder eine Schwester hat, der/die ein bisschen versteht, was Stottern ist.

Danke fürs Helfen!!!

Eelco de Geuss *(Stottertherapeut)*

Aus dem Buch: Eelco de Geus, Manchmal stotter' ich eben, Demosthenes-Verlag, Köln 2011, Bundesvereinigung Stotterer-Selbsthilfe e.V.

Lieber Bruder, liebe Schwester von ________________!

Ich habe ein Buch für ________________ geschrieben. Und in diesem Buch steht dieser Brief, den dir ________________ gegeben hat. Du weißt natürlich schon lange, dass ________________ stottert. Du hast bestimmt schon oft versucht, beim Sprechen zu helfen. Manchmal ging es dann besser, aber manchmal auch nicht. Woran liegt das? ________________ spricht am besten, wenn er/sie sich innerlich ruhig fühlt. Das kommt dir gewiss nicht so ganz fremd vor: Wenn du in einer großen Gruppe Menschen etwas sagen musst, bist du auch angespannt und weißt dann meistens nicht genau, was du sagen sollst. Zum Glück stotterst du dann nicht. ________________ hat etwas mehr Mühe beim Sprechen und stottert schon, wenn er/sie aufgeregt ist. Man kann durch alles Mögliche angespannt sein. Weil man bald Geburtstag hat. Weil man gleich ein Zeugnis bekommt. Weil man in die Ferien fährt. Oder weil man Angst hat, Dinge nicht gut zu machen. Weil man ein bisschen krank ist oder sehr große Eile hat. Weil man denkt, dass andere Kinder einen dumm finden könnten. Oder weil man Angst hat, etwas falsch zu machen. Solche Sachen sind für uns alle sehr aufregend.

Jeder kennt diese Spannungen, aber nicht jeder lässt sie sich anmerken. Wenn du stotterst, wird das etwas schwieriger. Dann kann jeder dir anhören, wenn du angespannt bist. Deshalb wird _________________ sich immer sehr anstrengen, das Stottern zu verbergen. Weißt du, was dann passiert? Dann wird der innere Druck noch größer und … man stottert noch mehr. Aufgeregt sein ist ganz normal. Das kennst du, und das kenne ich auch. Wir denken nur sehr oft, dass wir das nicht sein dürfen. Wir denken oft, dass wir alles gut machen müssen. Aber niemand kann alles gut. Du kennst sicher auch Probleme, die du schwierig findest. Probleme, bei denen du angespannt bist. Das darf auch so sein. Genauso wie _________________ das Sprechen schwierig finden darf. Es hilft eine ganze Menge, wenn _________________ das Gefühl bekommt, dass Stottern nicht verboten ist und dass ruhig gestottert werden darf. Das ist der erste Schritt, um weniger zu stottern. Es hilft auch sehr, wenn _________________ einen Bruder oder eine Schwester hat, der/die ein bisschen versteht, was Stottern ist.

Danke fürs Helfen!

Eelco de Geuss *(Stottertherapeut)*

Aus dem Buch: Eelco de Geus, Manchmal stotter' ich eben, Demosthenes-Verlag, Köln 2011, Bundesvereinigung Stotterer-Selbsthilfe e.V.

Lieber Vater, liebe Mutter von Jonas!

Ich weiß, dass Sie sich so gut wie möglich bemühen, Ihrem stotternden Kind beim Sprechen zu helfen. Sie merken Jonas bestimmt an, dass es nicht angenehm ist, zu stottern. Jonas strengt sich dann auch sehr an, nicht zu stottern. Je mehr Jonas sich bemüht, desto mehr stottert Jonas. Das ist die große Schwierigkeit beim Stottern. Es ist so wie beim Einfädeln eines Fadens durch die Öse einer Nadel: Wenn es unbedingt beim ersten Mal klappen muss, versuchen wir es krampfhaft, wodurch unsere Hände zu zittern beginnen, und – es klappt erst recht nicht. Es funktioniert erst, wenn wir uns ruhig und sicher fühlen. Sie sagen bestimmt schon mal etwas über das Stottern von Jonas. Das ist verständlich: Sie wollen helfen. Und vielleicht finden Sie es auch nicht einfach, dem stotternden Sprechen Ihres Kindes zuzuhören.
Beobachten Sie Jonas genau: Wenn Jonas durch Ihr Helfen wirklich entspannt und ruhig wird, ist das gut. Das Sprechen wird dann leichter gehen. Es kann auch sehr gut sein, dass es Ihrem Kind nicht angenehm ist, wenn ihm geholfen wird. Dann nützt es nichts, Jonas etwas zu sagen. Jonas wird dann, genauso wie bei dem Beispiel mit dem Faden und der Nadel, nervös und eher mehr als weniger stottern. Sie können das Jonas sicherlich anmerken: Nur die eigenen Eltern wissen, wann ihr Kind entspannt oder angespannt ist. Deshalb bitten wir Sie auch um Hilfe. Weil Sie Ihr Kind so gut kennen und am besten nachempfinden können, wie es sich fühlt, sind Sie eine wichtige Hilfe für Ihr stotterndes Kind. Es ist wichtig zu wissen, dass Eltern niemals das Stottern ihres Kindes verursachen.

____ ist mit einer gewissen Anlage fürs Stottern geboren. Das bedeutet, dass Sprechen ein schwacher Punkt bei ihm/ihr ist. Das Stottern setzte in einem Moment ein, als der Druck, in welchem Lebensjahr auch immer, für Jonas zu groß war. Eigentlich war da noch alles in Ordnung. Aber Ihr Kind hat damals selbst bemerkt, dass sein Sprechen nicht gut war, und sich umso mehr angestrengt, gut zu sprechen. Dadurch wurde das Stottern stärker und ist immer noch da. Sie sind also nicht für das Stottern verantwortlich. Sie können Jonas aber sehr gut beim Sprechen unterstützen. Vielleicht ist Jonas manchmal wütend oder traurig über das Stottern. Das Einzige, was Jonas dann nötig hat, sind ein Freiraum, wirklich traurig sein zu können, und Eltern, die dafür Verständnis haben. Vielleicht traut sich Jonas nicht, übers Stottern zu reden. Das Einzige, was Jonas dann braucht, ist ein Angebot, darüber sprechen zu können; so ab und zu eine Aufforderung, darüber zu reden, ohne die Verpflichtung, reden zu müssen. Vielleicht machen Sie sich viele Sorgen um Ihr Kind und seine Zukunft. Das Beste, was Sie dann machen können, ist Ihre Sorgen miteinander oder mit einem Fachmann zu besprechen. Es ist sowohl für Sie als auch für Jonas wichtig, dass sich diese Sorgen nicht bei Ihnen anstauen. Suchen Sie dafür sachkundige Begleitung. Stottern ist bei jedem Kind so unterschiedlich, dass weiter keine allgemeinen Ratschläge gegeben werden können. Vielleicht stottert Jonas auch ganz anders, als hier beschrieben wird. Wie auch immer, vergraben Sie sich nicht in Sorgen und Grübeleien, sondern nehmen Sie die Hilfen in Anspruch, auf die Sie und Jonas ein Recht haben.

Danke fürs Helfen!
Eelco de Geuss *(Stottertherapeut)*

Aus dem Buch: Eelco de Geus, Manchmal stotter' ich eben, Demosthenes-Verlag, Köln 2011, Bundesvereinigung Stotterer-Selbsthilfe e.V.

Lieber Lehrer, liebe Lehrerin von Jonas!

Diesen Text lesen Sie, weil Jonas in Ihre Klasse geht, ein Kind, das stottert. Stottern ist bei jedem Kind und zu jedem Zeitpunkt anders. Das macht es zu einem schwer fassbaren Problem.

Es kann sein, dass das Stottern überhaupt kein Problem für Sie und die anderen Mitschüler darstellt. Es kann auch sein, dass die Klasse in irgendeiner Form auf das Stottern reagiert. Vielleicht sind Sie sich auch unsicher über die Art und Weise, wie Sie mit Jonas umgehen wollen.

Lehrkräfte stellen sich oft vielfältige Fragen:

- Wie kann ich helfen?
- Soll ich das Kind aufrufen oder lieber nicht?
- Soll ich mit dem Kind darüber sprechen?
- Soll ich das Stottern negieren?
- Muss ich das Kind anschauen oder gerade nicht?

Diese Fragen sind sehr verständlich. Die Antworten unterscheiden sich je nach Kind. Deshalb ist es gut, wenn Sie sich informieren, ob das Kind von einem Logopäden oder Stottertherapeuten begleitet wird. Sie können sich dann mit diesem in Verbindung setzen und ihm Ihre speziellen Fragen über das Kind vorliegen. Oft kann man einen guten Weg finden, dem Kind innerhalb der Klassensituation effektiv zu helfen.

Im Allgemeinen finden Kinder es sehr schlimm sich in einer Ausnahmesituation zu befinden. Vermeiden Sie deshalb, dass das stotternde Kind gesonderten Unterricht bekommt und von bestimmten Aktivitäten ausgeschlossen wird. Wenn das Sprechen sehr schwer geht, ist es gut, das Kind beiseite zu nehmen und offen mit ihm darüber zu sprechen.

Manchmal wird ein Kind dies gut finden und sich dadurch erleichtert fühlen. Andere Kinder wollen nicht darüber sprechen. Es ist gut, das zu respektieren und das Kind nicht zu zwingen.

Stottern ist für das Kind mindestens genauso unangenehm wie für Sie. Kinder, die stottern, haben deshalb besondere emotionale Unterstützung nötig. Geben Sie dem Kind deshalb so viel wie möglich an Verständnis, Wärme und Unterstützung. Das Kind wird dies sicherlich spüren und sich unterstützt und sicher fühlen.

Vielen Dank für Ihre Hilfe!

Elco de Geuss *(Stottertherapeut)*

Aus dem Buch: Eelco de Geus, Manchmal stotter' ich eben, Demosthenes-Verlag, Köln 2011, Bundesvereinigung Stotterer-Selbsthilfe e.V.

Lieber Opa, liebe Oma von ________________!

________________ hat Ihr Verständnis und Ihre Unterstützung nötig, weil es ein ziemlich schwieriges Problem hat: Das Sprechen geht nicht von selbst und manchmal spricht ________________ stark stotternd. Wahrscheinlich verstehen Sie Stottern, genauso wie jeder andere, schwer: Mal geht das Sprechen wie von selbst und das andere Mal stottert ________________ sehr stark.
Denken Sie bitte nicht, dass das an Ihrem Enkelkind liegt. Stottern ist immer sehr wechselhaft.
________________ hat darüber im jeweiligen Moment absolut keine Kontrolle. Vor allem ein Besuch bei Oma und Opa kann für ________________ ein besonderer Moment sein, der eine Menge positiver Spannung mit sich bringt. Darum ist es gut möglich, dass Ihr Enkelkind viel stottert, wenn es bei Ihnen ist.
Wir bitten Sie, dafür Verständnis zu haben und ________________ zu unterstützen. Dies erreichen Sie, indem Sie ________________ die Zeit geben, zu sprechen, und nicht allzu viele Bemerkungen über das Stottern machen.
________________ wird sonst dadurch nur noch angespannter und eher mehr als weniger stottern. Es ist oft schwierig für ein stotterndes Kind, etwas zum zweiten Mal sagen zu müssen, weil andere es nicht verstanden haben. Durch Stottern kann

mehr das sind, was sie früher einmal waren, können Situationen entstehen, in denen das Kind häufiger dasselbe für Sie wiederholen muss. Für die meisten stotternden Kinder ist dies sehr schwierig. Dies soll nicht heißen, dass Sie aufhören sollen, ________________ zu bitten, etwas für Sie zu wiederholen. Dies soll nur heißen, dass Sie, bei Beachtung einiger kleiner Dinge, vielleicht dafür sorgen können, ________________ auf Anhieb besser zu verstehen. Zum Beispiel: Achten Sie darauf, dass genügend Licht im Zimmer ist, so dass Sie sich gegenseitig und den Mund des anderen gut sehen können. Setzen Sie sich hin, wenn Sie mit ________________ sprechen wollen, so dass er/sie dicht bei Ihnen ist. Schalten Sie das Radio oder den Staubsauger ab, wenn Sie miteinander sprechen. Das alles sind kleine Hilfen. Wir bitten Sie darum, weil ________________ selber noch nicht an diese Dinge denkt. Alles im Leben geht einfacher, wenn wir uns entspannt fühlen. Dies gilt sicher auch für das Sprechen Ihres Enkelkindes.

Wir sind entspannt, wenn wir uns irgendwo sicher und wohl fühlen. Würden Sie einmal darüber nachdenken, ob es noch mehr Möglichkeiten gibt, dass ________________ sich sicher und entspannt fühlt? Zum Beispiel ab und zu ein bisschen kuscheln? Ein vertrautes Gespräch auf einem gemeinsamen Spaziergang? Oder zusammen in aller Ruhe gemütlich ein Spiel spielen?

Jetzt schon: Vielen Dank im Namen Ihres Enkelkindes!!!

Eelco de Geuss *(Stottertherapeut)*

Aus dem Buch: Eelco de Geus, Manchmal stotter' ich eben, Demosthenes-Verlag, Köln 2011, Bundesvereinigung Stotterer-Selbsthilfe e.V.

Lieber Onkel, liebe Tante von ________________!

________________ stottert. Vielleicht hat es Sie schon mal erstaunt, dass Ihr Neffe oder Ihre Nichte manchmal viel und manchmal wenig stottert. Vielleicht ist Ihnen auch schon aufgefallen, dass das Sprechen weniger gut geht, wenn Sie dem Kind Ratschläge geben. Wenn es um das Problem Stottern geht, muss vieles bedacht werden. Wir möchten Sie bitten, diese Dinge nicht allzu skeptisch zu betrachten. ________________ versteht es selbst auch nicht, und währenddessen

bleibt das Stottern ein großes Problem. Es ist sehr wichtig, dass ein stotterndes Kind durch Verständnis und Wärme unterstützt wird, durch Zeit zum Sprechen, ohne das Stottern zu kritisieren. Dann fühlt das Kind sich wohler und das Sprechen wird auch weniger angespannt sein. Es ist gut, offen übers Stottern zu reden, wenn es sich ergibt. Wenn nie darüber gesprochen wird, bekommt das Kind schnell das Gefühl, dass Stottern ein Problem sei, „worüber man lieber nicht spricht". Stottern soll nicht tabuisiert werden, um zu vermeiden, dass das Gefühl entsteht, Stottern sei etwas, was „nicht sein darf". Ein solcher Gedanke ruft Spannung hervor und erzeugt noch mehr Stottern. Sie können ________________ helfen, indem Sie ein entspanntes Umfeld schaffen, sich die Zeit nehmen, miteinander an einem ruhigen Ort zu reden, und sich beim Sprechen gegenseitig anschauen. Diese Dinge sind natürlich nicht immer möglich. Aber jede Kleinigkeit hilft. Was vor allem hilft, ist, dass Sie jetzt etwas mehr über das Stottern wissen. Dadurch ist ________________ mit seinem/ihrem Stottern nicht mehr so allein.

Danke fürs Helfen!

Eelco de Geuss *(Stottertherapeut)*

Aus dem Buch: Eelco de Geus, Manchmal stotter' ich eben, Demosthenes-Verlag, Köln 2011, Bundesvereinigung Stotterer-Selbsthilfe e.V.

Alle Briefe im Überblick

Hier siehst du noch einmal alle Briefe, so wie du sie auch im Internet findest.

Wie du mit diesen Briefen umgehen kannst findest du auf den Seiten 36 und 37.

Für deinen Bruder oder deine Schwester

Lieber Bruder, liebe Schwester von ________ !

Ich habe ein Buch für ________ geschrieben. Und in diesem Buch steht dieser Brief, den dir ________ gegeben hat. Du weißt natürlich schon lange, dass ________ stottert. Du hast bestimmt schon oft versucht, beim Sprechen zu helfen. Manchmal ging es dann besser, aber manchmal auch nicht. Woran liegt das? ________ spricht am besten, wenn er/sie sich innerlich ruhig fühlt. Das kommt dir gewiss nicht so ganz fremd vor: Wenn du in einer großen Gruppe Menschen etwas sagen musst, bist du auch angespannt und weißt dann meistens nicht genau, was du sagen sollst. Zum Glück stotterst du dann nicht. ________ hat etwas mehr Mühe beim Sprechen und stottert schon, wenn er/sie aufgeregt ist. Man kann durch alles Mögliche angespannt sein. Weil man bald Geburtstag hat. Weil man gleich ein Zeugnis bekommt. Weil man in die Ferien fährt. Oder weil man Angst hat, Dinge nicht gut zu machen. Weil man ein bisschen krank ist oder sehr große Eile hat. Weil man denkt, dass andere Kinder einen dumm finden könnten. Oder weil man Angst hat, etwas falsch zu machen. Solche Sachen sind für uns alle sehr aufregend.
Jeder kennt diese Spannungen, aber nicht jeder lässt sie sich anmerken. Wenn du stotterst, wird das etwas schwieriger. Dann kann jeder dir anhören, wenn du angespannt bist. Deshalb wird ________ sich immer sehr anstrengen, das Stottern zu verbergen. Weißt du, was dann passiert? Dann wird der innere Druck noch größer und … man stottert noch mehr. Aufgeregt sein ist ganz normal. Das kennst du, und das kenne ich auch. Wir denken nur sehr oft, dass wir das nicht sein dürfen. Wir denken oft, dass wir alles gut machen müssen. Aber niemand kann alles gut. Du kennst sicher auch Probleme, die du schwierig findest. Probleme, bei denen du angespannt bist. Das darf auch so sein. Genauso wie ________ das Sprechen schwierig finden darf. Es hilft eine ganze Menge, wenn ________ das Gefühl bekommt, dass Stottern nicht verboten ist und dass ruhig gestottert werden darf. Das ist der erste Schritt, um weniger zu stottern. Es hilft auch sehr, wenn ________ einen Bruder oder eine Schwester hat, der/die ein bisschen versteht, was Stottern ist.

Danke fürs Helfen!
Eelco de Geus *(Stottertherapeut)*

Aus dem Buch: Eelco de Geus, Manchmal stotter' ich eben, Demosthenes-Verlag, Köln 2011, Bundesvereinigung Stotterer-Selbsthilfe e.V.

Für Väter und Mütter

Lieber Vater, liebe Mutter von ________ !

Ich weiß, dass Sie sich so gut wie möglich bemühen, Ihrem stotternden Kind beim Sprechen zu helfen. Sie merken ________ bestimmt an, dass es nicht angenehm ist, zu stottern. ________ strengt sich dann auch sehr an, nicht zu stottern. Je mehr ________ sich bemüht, desto mehr stottert ________. Das ist die große Schwierigkeit beim Stottern. Es ist so wie beim Einfädeln eines Fadens durch die Öse einer Nadel: Wenn es unbedingt beim ersten Mal klappen muss, versuchen wir es krampfhaft, wodurch unsere Hände zu zittern beginnen, und – es klappt erst recht nicht. Es funktioniert erst, wenn wir uns ruhig und sicher fühlen. Sie sagen bestimmt schon mal etwas über das Stottern von ________. Das ist verständlich: Sie wollen helfen. Und vielleicht finden Sie es auch nicht einfach, dem stotternden Sprechen Ihres Kindes zuzuhören.
Beobachten Sie ________ genau. Wenn ________ durch Ihr Helfen wirklich entspannt und ruhig wird, ist das gut. Das Sprechen wird dann leichter gehen. Es kann auch sehr gut sein, dass es Ihrem Kind nicht angenehm ist, wenn ihm geholfen wird. Dann nützt es nichts, ________ etwas zu sagen. ________ wird dann, genauso wie bei dem Beispiel mit dem Faden und der Nadel, nervös und eher mehr als weniger stottern. Sie können das ________ sicherlich anmerken: Nur die eigenen Eltern wissen, wann ihr Kind entspannt oder angespannt ist. Deshalb bitten wir Sie auch um Hilfe. Weil Sie Ihr Kind so gut kennen und am besten nachempfinden können, wie es sich fühlt, sind Sie eine wichtige Hilfe für Ihr stotterndes Kind. Es ist wichtig zu wissen, dass Eltern niemals das Stottern ihres Kindes verursachen.
________ ist mit einer gewissen Anlage fürs Stottern geboren. Das bedeutet, dass Sprechen ein schwacher Punkt bei ihm/ihr ist. Das Stottern setzte in einem Moment ein, als der Druck, in welchem Lebensjahr auch immer, für ________ zu groß war. Eigentlich war da noch alles in Ordnung. Aber Ihr Kind hat damals selbst bemerkt, dass sein Sprechen nicht gut war, und sich umso mehr angestrengt, gut zu sprechen. Dadurch wurde das Stottern stärker und ist immer noch da. Sie sind also nicht für das Stottern verantwortlich. Sie können ________ aber sehr gut beim Sprechen unterstützen. Vielleicht ist ________ manchmal wütend oder traurig über das Stottern. Das Einzige, was ________ dann nötig hat, sind ein Freiraum, wirklich traurig sein zu können, und Eltern, die dafür Verständnis haben. Vielleicht traut sich ________ nicht, übers Stottern zu reden. Das Einzige, was ________ dann braucht, ist ein Angebot, darüber sprechen zu können; so ab und zu eine Aufforderung, darüber zu reden, ohne die Verpflichtung, reden zu müssen. Vielleicht machen Sie sich viele Sorgen um Ihr Kind und seine Zukunft. Das Beste, was Sie dann machen können, ist Ihre Sorgen miteinander oder mit einem Fachmann zu besprechen. Es ist sowohl für Sie als auch für ________ wichtig, dass sich diese Sorgen nicht bei Ihnen anstauen. Suchen Sie dafür sachkundige Begleitung. Stottern ist bei jedem Kind so unterschiedlich, dass weiter keine allgemeinen Ratschläge gegeben werden können. Vielleicht stottert ________ auch ganz anders, als hier beschrieben wird. Wie auch immer, vergraben Sie sich nicht in Sorgen und Grübeleien, sondern nehmen Sie die Hilfen in Anspruch, auf die Sie und ________ ein Recht haben.

Danke fürs Helfen!
Eelco de Geus *(Stottertherapeut)*

Aus dem Buch: Eelco de Geus, Manchmal stotter' ich eben, Demosthenes-Verlag, Köln 2011, Bundesvereinigung Stotterer-Selbsthilfe e.V.

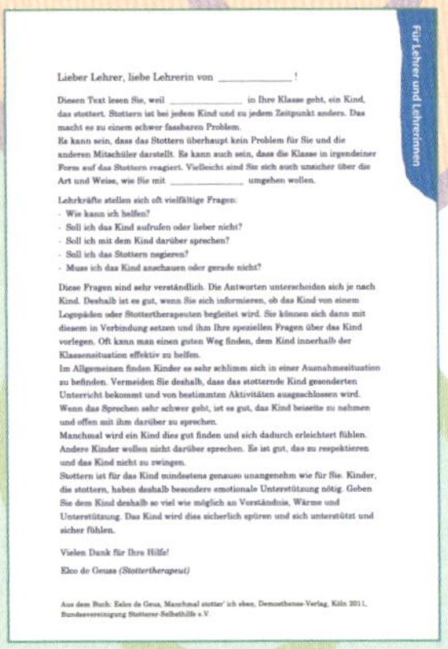

Für Lehrer und Lehrerinnen

Lieber Lehrer, liebe Lehrerin von ________ !

Diesen Text lesen Sie, weil ________ in Ihre Klasse geht, ein Kind, das stottert. Stottern ist bei jedem Kind und zu jedem Zeitpunkt anders. Das macht es zu einem schwer fassbaren Problem.
Es kann sein, dass das Stottern überhaupt kein Problem für Sie und die anderen Mitschüler darstellt. Es kann auch sein, dass die Klasse in irgendeiner Form auf das Stottern reagiert. Vielleicht sind Sie sich auch unsicher über die Art und Weise, wie Sie mit ________ umgehen wollen.

Lehrkräfte stellen sich oft vielfältige Fragen:

- Wie kann ich helfen?
- Soll ich das Kind aufrufen oder lieber nicht?
- Soll ich mit dem Kind darüber sprechen?
- Soll ich das Stottern negieren?
- Muss ich das Kind anschauen oder gerade nicht?

Diese Fragen sind sehr verständlich. Die Antworten unterscheiden sich je nach Kind. Deshalb ist es gut, wenn Sie sich informieren, ob das Kind von einem Logopäden oder Stottertherapeuten begleitet wird. Sie können sich dann mit diesem in Verbindung setzen und ihm Ihre speziellen Fragen über das Kind vorlegen. Oft kann man einen guten Weg finden, dem Kind innerhalb der Klassensituation effektiv zu helfen.
Im Allgemeinen finden Kinder es sehr schlimm sich in einer Ausnahmesituation zu befinden. Vermeiden Sie deshalb, dass das stotternde Kind gesonderten Unterricht bekommt und von bestimmten Aktivitäten ausgeschlossen wird. Wenn das Sprechen sehr schwer geht, ist es gut, das Kind beiseite zu nehmen und offen mit ihm darüber zu sprechen.
Manchmal wird ein Kind dies gut finden und sich dadurch erleichtert fühlen. Andere Kinder wollen nicht darüber sprechen. Es ist gut, das zu respektieren und das Kind nicht zu zwingen.
Stottern ist für das Kind mindestens genauso unangenehm wie für Sie. Kinder, die stottern, haben deshalb besondere emotionale Unterstützung nötig. Geben Sie dem Kind deshalb so viel wie möglich an Verständnis, Wärme und Unterstützung. Das Kind wird dies sicherlich spüren und sich unterstützt und sicher fühlen.

Vielen Dank für Ihre Hilfe!
Eelco de Geus *(Stottertherapeut)*

Aus dem Buch: Eelco de Geus, Manchmal stotter' ich eben, Demosthenes-Verlag, Köln 2011, Bundesvereinigung Stotterer-Selbsthilfe e.V.

Für Omas und Opas

Lieber Opa, liebe Oma von ________ !

________ hat Ihr Verständnis und Ihre Unterstützung nötig, weil es ein ziemlich schwieriges Problem hat: Das Sprechen geht nicht von selbst und manchmal spricht ________ stark stotternd. Wahrscheinlich verstehen Sie Stottern, genauso wie jeder andere, schwer: Mal geht das Sprechen wie von selbst und das andere Mal stottert ________ sehr stark.
Denken Sie bitte nicht, dass das an Ihrem Enkelkind liegt. Stottern ist immer sehr wechselhaft.
________ hat darüber im jeweiligen Moment absolut keine Kontrolle. Vor allem ein Besuch bei Oma und Opa kann für ________ ein besonderer Moment sein, der eine Menge positiver Spannung mit sich bringt. Darum ist es gut möglich, dass Ihr Enkelkind viel stottert, wenn es bei Ihnen ist.
Wir bitten Sie, dafür Verständnis zu haben und ________ zu unterstützen. Dies erreichen Sie, indem Sie ________ die Zeit geben, zu sprechen, und nicht allzu viele Bemerkungen über das Stottern machen. ________ wird sonst dadurch nur noch angespannter und eher mehr als weniger stottern. Es ist oft schwierig für ein stotterndes Kind, etwas zum zweiten Mal sagen zu müssen, weil andere es nicht verstanden haben. Durch Stottern kann das Sprechen sehr schwer verständlich für Sie werden. Wenn Ihre Ohren nicht mehr das sind, was sie früher einmal waren, können Situationen entstehen, in denen das Kind häufiger dasselbe für Sie wiederholen muss. Für die meisten stotternden Kinder ist dies sehr schwierig. Dies soll nicht heißen, dass Sie aufhören sollen, ________ zu bitten, etwas für Sie zu wiederholen. Dies soll nur heißen, dass Sie, bei Beachtung einiger kleiner Dinge, vielleicht dafür sorgen können, ________ auf Anhieb besser zu verstehen. Zum Beispiel: Achten Sie darauf, dass genügend Licht im Zimmer ist, so dass Sie sich gegenseitig und den Mund des anderen gut sehen können. Setzen Sie sich hin, wenn Sie mit ________ sprechen wollen, so dass er/sie dicht bei Ihnen ist. Schalten Sie das Radio oder den Staubsauger ab, wenn Sie miteinander sprechen. Das alles sind kleine Hilfen. Wir bitten Sie darum, weil ________ selber noch nicht an diese Dinge denkt. Alles im Leben geht einfacher, wenn wir uns entspannt fühlen. Dies gilt sicher auch für das Sprechen Ihres Enkelkindes.
Wir sind entspannt, wenn wir uns irgendwo sicher und wohl fühlen. Würden Sie einmal darüber nachdenken, ob es noch mehr Möglichkeiten gibt, dass ________ sich sicher und entspannt fühlt? Zum Beispiel ab und zu ein bisschen kuscheln? Ein vertrautes Gespräch auf einem gemeinsamen Spaziergang? Oder zusammen in aller Ruhe gemütlich ein Spiel spielen?

Jetzt schon: Vielen Dank im Namen Ihres Enkelkindes!!!
Eelco de Geus *(Stottertherapeut)*

Aus dem Buch: Eelco de Geus, Manchmal stotter' ich eben, Demosthenes-Verlag, Köln 2011, Bundesvereinigung Stotterer-Selbsthilfe e.V.

Für Onkel und Tanten

Lieber Onkel, liebe Tante von ________ !

________ stottert. Vielleicht hat es Sie schon mal erstaunt, dass Ihr Neffe oder Ihre Nichte manchmal viel und manchmal wenig stottert. Vielleicht ist Ihnen auch schon aufgefallen, dass das Sprechen weniger gut geht, wenn Sie dem Kind Ratschläge geben. Wenn es um das Problem Stottern geht, muss vieles bedacht werden. Wir möchten Sie bitten, diese Dinge nicht allzu skeptisch zu betrachten. ________ versteht es selbst auch nicht, und währenddessen bleibt das Stottern ein großes Problem. Es ist sehr wichtig, dass ein stotterndes Kind durch Verständnis und Wärme unterstützt wird, durch Zeit zum Sprechen, ohne das Stottern zu kritisieren. Dann fühlt das Kind sich wohler und das Sprechen wird auch weniger angespannt sein. Es ist gut, offen übers Stottern zu reden, wenn es sich ergibt. Wenn nie darüber gesprochen wird, bekommt das Kind schnell das Gefühl, dass Stottern ein Problem sei, „worüber man lieber nicht spricht". Stottern soll nicht tabuisiert werden, um zu vermeiden, dass das Gefühl entsteht, Stottern sei etwas, was „nicht sein darf". Ein solcher Gedanke ruft Spannung hervor und erzeugt noch mehr Stottern. Sie können ________ helfen, indem Sie ein entspanntes Umfeld schaffen, sich die Zeit nehmen, miteinander an einem ruhigen Ort zu reden, und sich beim Sprechen gegenseitig anschauen. Diese Dinge sind natürlich nicht immer möglich. Aber jede Kleinigkeit hilft. Was vor allem hilft, ist, dass Sie jetzt etwas mehr über das Stottern wissen. Dadurch ist ________ mit seinem/ihrem Stottern nicht mehr so allein.

Danke fürs Helfen!
Eelco de Geus *(Stottertherapeut)*

Aus dem Buch: Eelco de Geus, Manchmal stotter' ich eben, Demosthenes-Verlag, Köln 2011, Bundesvereinigung Stotterer-Selbsthilfe e.V.

Es kann sehr schwierig für dich sein, wenn du stotterst. Deshalb ist es wichtig, zu wissen, dass du nicht allein bist, dass es Menschen gibt, die dich verstehen und dir helfen wollen. Es ist auch wichtig, nicht zu vergessen, dass es nicht deine Schuld ist, dass du stotterst!
Für Väter und Mütter und andere Menschen in deiner Umgebung ist es wichtig, viel übers Stottern zu erfahren. Dann verstehen sie dich und können dir besser helfen. Dann kannst du auch wieder fühlen, wie wichtig es ist, dass es dich gibt, ob du nun stotterst oder nicht!

Bundesvereinigung Stotterer-Selbsthilfe e.V.
und weitere nützliche Adressen

Die Bundesvereinigung Stotterer-Selbsthilfe e.V. (BVSS) ist die Interessenvertretung stotternder Menschen in Deutschland – gestützt von ihren Mitgliedern, acht Landesverbänden, zahlreichen lokalen Stotterer-Selbsthilfegruppen und mehr als 30 Jahren Erfahrung. Wir haben uns zum Ziel gesetzt, die Lebenssituation für stotternde Kinder, Jugendliche und Erwachsene zu verbessern. Darüber hinaus ist die Informations- und Beratungsstelle der Bundesvereinigung Stotterer-Selbsthilfe die einzige überregional tätige Einrichtung, die umfassend und unabhängig zum Thema Stottern informiert und berät – die zentrale Anlaufstelle für Ratsuchende, Fachleute und Medien.

• Aufgaben und Angebote im Überblick

Die BVSS informiert:
- Materialien zur Erstinformation
- Öffentlichkeitsarbeit und Kampagnen
- Literatur, Ratgeber, Kinderbücher und Filme (im zur BVSS gehörenden Fachverlag Demosthenes-Verlag)

Die BVSS hilft:
- Individuelle Fachberatung
- Bundesweites Therapeutenverzeichnis
- Aktive Zusammenarbeit mit Berufsverbänden und Forschung

Die BVSS fördert:
- Gründung und Organisation von Stotterer-Selbsthilfegruppen bundesweit
- Seminare und Workshops für Betroffene und Angehörige
- Erfahrungsaustausch und Vernetzung

Die BVSS fordert:
- Abbau der Diskriminierung
- Prävention und schulische Förderung
- Klarheit über relevante Rechtsgrundlagen

• Hilfe für Eltern

Für Mütter und Väter stotternder Kinder sind die folgenden Angebote der Bundesvereinigung Stotterer-Selbsthilfe besonders interessant und hilfreich:
- Kostenlose Flyer und Broschüren – beispielsweise mit Tipps für die Therapeutensuche
- Elternseminare – gemeinsam mit anderen Familien, unter fachlicher Anleitung, lernen Eltern, wie sie ihr stotterndes Kind unterstützen können
- Individuelle Fachberatung zur Stottertherapie
- Methoden und Therapieansätze, Hilfe zum Umgang mit Stottern innerhalb der Familie
- Bundesweites Therapeutenverzeichnis – Adressen von auf Stottern spezialisierten Therapeutinnen, mit Informationen zur Behandlungsmethode, Erfahrung in der Behandlung von Kindern usw.
- Literatur und Film – Ratgeber für Eltern und Jugendliche, aber auch Mut machende Kinderbücher und Comics

• Einladung zum Mitmachen

Erst durch das Engagement vieler Einzelner kann die Bundesvereinigung Stotterer-Selbsthilfe e.V. (BVSS) ihre Aufgaben erfüllen und die Lebenssituation für stotternde Kinder und Erwachsene verbessern. Es gibt verschiedene Wege uns dabei zu unterstützen:

Gemeinsam stark – als Mitglied

Als Mitglied der BVSS sind Sie Teil einer starken Gemeinschaft, die sich für alle stotternden Kinder und Erwachsenen einsetzt:
- für den Abbau von Vorurteilen und Diskriminierung
- für sachliche Aufklärung und frühestmögliche Hilfe
- für unabhängige Beratung und aktive Selbsthilfe

Als Mitglied stärken Sie unsere Position als Interessenvertretung stotternder Menschen in Deutschland. Durch Ihre Mitgliedsbeiträge tragen Sie zur finanziellen Unabhängigkeit der Bundesvereinigung Stotterer-Selbsthilfe bei und ermöglichen eine langfristige Planung.

Hilfe und Verbundenheit - als Förderer
Als Fördermitglied unterstützen Sie solidarisch unseren Einsatz für die Belange stotternder Menschen. Sie tragen mit regelmäßigen Jahresspenden zum Erhalt unserer Angebote bei und ermöglichen uns, kurzfristige Projekte zu realisieren.

Spontane Hilfe – als Spender
Mit einem „Geschenk" für unsere Arbeit helfen Sie uns, kurzfristige Projekte zu realisieren.

Sie möchten die Bundesvereinigung Stotterer-Selbsthilfe e.V. unterstützen?
Wir sind für Sie da:
Telefon 0221 – 139 1106, info@bvss.de

• Nützliche Adressen

Bundesvereinigung Stotterer-Selbsthilfe e.V.
Informations- und Beratungsstelle
Zülpicher Str. 58, 50674 Köln
Telefon 0221 – 139 1106
Telefax 0221 – 139 1370
info@bvss.de , www.bvss.de

Die Stotterer-Selbsthilfeorganisation in der Schweiz: VERSTA
VER-einigung für ST-otternde und A-ngehörige
Geschäftsstelle / Beat Meichtry
Äußere Bleikenstr.1, CH-3775 Lenk im Simmental BE
Tel. ++41 (0)33 – 733 07 31
Fax ++41 (0)33 – 733 07 30
info@versta.ch , www.versta.ch/cms/

Die Stotterer-Selbsthilfeorganisation in Österreich: ÖSTERREICHISCHE SELBSTHILFE-INITIATIVE STOTTERN (ÖSIS)
Brixner Straße 3, A-6020 Innsbruck
Telefon und Fax: 0043 (0) 512 584869
Mobil: 0043 (0) 664 2840558
www.oesis.at/

• Lokale Beratungsmöglichkeiten

Dortmund
Kontakt- und Beratungsstelle für Eltern stotternder Kinder / Sprachtherapeutisches Ambulatorium
Telefon 0231 – 7 55 -52 12
Zbt-sprache.fk13@uni-dortmund.de

München
Stotterberatungsstelle
der Ludwig-Maximilian-Universität
Telefon 089 – 21 80 -52 30
stotter-beratungsstelle@edu.lmu.de
www.paed.unimuenchen.de/~sbp/beratung

Saarland
Elterninitiative proVoce e.V.
info@pro-voce.de , www.pro-voce.de

Netzwerk Eltern stotternder Kinder
Landesverband der Stotterer-Selbsthilfe
Baden-Württemberg
netzwerk-eltern@stottern-bw.de
www.stottern-bw.de

• Verbände der therapeutischen Berufsgruppen

ivs – Interdisziplinäre Vereinigung der Stottertherapeuten e.V.
Erftstr. 1, 50859 Köln
Telefon 02234 – 6 02 93 08
info@ivs-online.de , www.ivs-online.de

dbl – Deutscher Bundesverband für Logopädie e.V.
Augustinusstr. 11a, 50226 Frechen
Telefon 02234 – 3 79 53 -0
info@dbl-ev.de , www.dbl-ev.de

dbS – Deutscher Bundesverband der akademischen Sprachtherapeuten e.V.
Goethestraße 16, 47441 Moers
Telefon 02841 – 9 88 91 9
info@dbs-ev.de , www.dbs-ev.de

dgs – Deutsche Gesellschaft für Sprachheilpädagogik e.V.
Goldammerstraße 34, 12351 Berlin
Telefon: 030 – 6 61 -6004
info@dgs-ev.de , www.dgs-ev.de

Deutscher Bundesverband der Atem-, Sprech- und Stimmlehrer/innen Lehrervereinigung Schlaffhorst-Andersen e.V.
Holstenwall 12, 20355 Hamburg
Telefon 040 – 3 57 13 80 0
info@dba-ev.de , www.dba-ev.de

Bücher und Filme im Demosthenes Verlag

Bundesvereinigung Stotterer-Selbsthilfe e.V. (Hrsg.): Mein Kind stottert – was nun?
Ein Ratgeber für Eltern

2010, 120 Seiten

Was ist Stottern? Wie kann ich meinem Kind helfen? Wann ist professionelle Hilfe gefragt? Was für Therapieformen werden angeboten? Antworten auf genau diese Fragen gibt der neue Ratgeber „Mein Kind stottert – was nun?“ Er ist damit ein wertvoller Begleiter für Mütter, Väter und Erzieher/innen. Basierend auf der langjährigen Beratungserfahrung der Bundesvereinigung Stotterer-Selbsthilfe e. V., zeichnet sich der Elternratgeber durch seine Praxisnähe aus.

Kerstin Weikert: Ich glaub' es hakt! Infos rund ums Thema Stottern
Ein Ratgeber für Jugendliche

2011, 44 Seiten + DVD

„Ich glaub' es hakt“ und manchmal hakt es auch beim Sprechen.
Aber, was ist überhaupt Stottern? Wie kann ich in der Schule und später in der Ausbildung oder im Studium mit meinem Stottern umgehen?
Der Jugendratgeber regt dazu an, Probleme aktiv anzugehen. Er macht Mut, indem er zeigt, dass Probleme veränderbar sind. Er zeigt Hilfsmöglichkeiten auf und er ist vor allem auch Hilfe zur Selbsthilfe.

Michael Decher: Therapie des Stotterns Ein Überblick über aktuelle Therapieansätze
für Kinder, Jugendliche und Erwachsene

2011, 112 Seiten

Wer für sich oder für sein Kind eine Stottertherapie sucht, sieht sich einem vielfältigen Angebot gegenüber. Die Wahl des „richtigen“ Therapieangebots und die Suche nach einer qualifizierten Therapeutin oder einem Therapeuten können da schnell zu einem echten Problem werden. Dieser Ratgeber soll dabei helfen, für stotternde Kinder, Jugendliche und Erwachsene eine individuell passende und empfehlenswerte Therapie zu finden. Das Buch informiert über aktuelle therapeutische Konzepte und Methoden.

Georg Thum: Stottern und Schule.
Ratgeber für Lehrerinnen und Lehrer

2012, ca. 60 Seiten

Bis zu fünf Prozent aller Kinder und Jugendlichen sind zumindest zeitweise von der Sprechbehinderung Stottern betroffen. Stottern kann sich in der Schule belastend auf alle Beteiligten auswirken.
Der neue Ratgeber „Stottern und Schule“ hilft Lehrerinnen und Lehrer beim Umgang mit stotternden Kindern.

Peter Schneider / Patricia Sandrieser: Direkte Therapie bei stotternden Kindern
Symptomorientierte Verfahren für Kinder zwischen 2 und 12 Jahren

2002, DVD ca. 60 Min.
+ Begleitbuch 56 Seiten

Therapiebeginn im Kleinkindalter? Indirekter Ansatz oder direktes Vorgehen? Die Grundsätze in der Therapie des kindlichen Stotterns sind im Fluss. Mit ihrem Film und einem ausführlichen Begleitbuch machen die Autoren ein richtungsweisendes Konzept in Wort und Bild deutlich. Schritt für Schritt dokumentieren sie Prinzipien und Verlauf des symptomorientierten Therapieansatzes für Kinder von 2 bis 12 Jahren und bieten damit Fachleuten einzigartiges Material für Praxis, Lehre und Fortbildung.

Carl Dell, Jr.: Therapie für das stotternde Schulkind

3. Aufl. 2001, 186 Seiten

Frühestmöglich intervenieren – dazu fordert Carl Dell auf. Doch wie kann man mit Kindern am besten therapeutisch arbeiten? Wie soll mit jungen Stotternden umgegangen werden? Dazu gibt das Buch eine Fülle von praxisnahen Hinweisen. Es soll helfen, schon in frühen Entwicklungsstadien des Stotterns sinnvolle Maßnahmen zu ergreifen. Carl Dell, selbst Stotterer und ehemaliger Schüler von Van Riper, gelingt es in diesem Buch, ebenso anschaulich wie leicht verständlich zur Arbeit mit stotternden Kindern zu ermutigen und anzuleiten.

Ruth Heap (Hrsg.): Meine Worte hüpfen wie ein Vogel. Kinder malen ihr Stottern

2005, 54 Seiten

In beeindruckender Weise vermitteln die Bilder, was Kinder erleben, die stottern. Sie lassen uns teilhaben an den Gefühlen, die das Stottern und die Reaktionen der Umwelt bei ihnen auslösen: Traurigkeit, Hilflosigkeit, Ärger und Wut. Daneben zeigen die Bilder auf sympathische und eindrückliche Weise, dass diese Kinder ganz „normal" sind und Stottern nur eine neben vielen Eigenschaften ist. Mit kleinen Sachtexten wird Wissenswertes zum Thema Stottern vermittelt und Handlungsmöglichkeiten werden aufgezeigt. Dieses Bilderbuch wendet sich an alle, die mit Kindern zu tun haben.

Mimmo und die geheimnisvolle Lupe. Ein Bilderbuch zum Stottern für Kinder ab 5 Jahren

2004, 26 Seiten

Mimmo stottert und gerade die unangenehmen Dinge haben für ihn eine übergroße Bedeutung, denn er sieht sie durch eine geheimnisvolle Lupe. Aber dann merkt Mimmo, dass er alles auch ganz anders betrachten kann und dass er die Lupe eigentlich gar nicht braucht ...

Karin Fleischhauer: Manchmal stottert Tim / Manchmal stottert Lisa

Malhefte für Kinder bis 7 Jahre

2004, jeweils 12 Seiten

Tim und Lisa sind ganz normale Kinder. Nur manchmal brauchen sie eben etwas länger, um etwas zu sagen. Aber das macht keinem ihrer Freunde etwas aus...

In kurzen Texten und Zeichnungen zum Ausmalen werden Alltagsszenen dargestellt, in denen alle Kinder sich wiederfinden können.

Mona Jüntgen: L-l-lissi will d-d-dazugehören.

Ein Bilderlesebuch für Mädchen von 7 bis 10 Jahren

2009, 52 Seiten

Lissi, ein schlaues, aufgewecktes Mädchen, möchte auch dazugehören. Doch das ist gar nicht so leicht... Sie weiß ja, dass sie nicht so flüssig sprechen kann und dass es etwas länger dauert, bis sie gesagt hat, was sie sagen möchte. Das ist auch der Grund, warum sie keine Freunde hat und sich in der Schule nicht traut, sich im Unterricht zu beteiligen, wie alle anderen Kinder. Doch plötzlich lernt sie Peter kennen und alles kommt ganz anders...

Benni: Comics für Kinder und Jugendliche ab 9 Jahre

Benni : U-und? Wwwo ist das P-problem?
Benni 2: B-b-besser geht's nicht!
Benni 3: ... auf K-k-klassenfahrt!
Benni 4: ... und die Jjjjets!

20 Seiten

Pfiffig und selbstbewusst meistert Benni die Tücken, die der Alltag eines 12-jährigen so mit sich bringt: Schule, Mädchen, Familie. Ach ja: Benni stottert – und wo ist das Problem? Der „Held" bietet stotternden Kindern eine Identifikationsfigur und hilft, die emotionale Seite des Stotterns zu bewältigen, und das ohne pädagogischen Zeigefinger.

Margaret Klare: Hallo, hier ist Felix

2008, 130 Seiten

„Das war sein Wunschtraum: Den Hörer schnappen, die Zahlen tippen, warten. Na endlich! ‚Hallo, hier ist Felix. Kann ich Rainer sprechen?' Und dann loslegen. Reden. Ohne zu stottern. Wenn er das schaffen würde!" Was für alle anderen das Normalste von der Welt ist, nämlich am Telefon seinen Namen zu sagen, scheint für Felix eine Unmöglichkeit. Einfühlsam und engagiert erzählt die Autorin die Geschichte des 15jährigen Felix: von seinem Stottern, seiner ersten Liebe und einer Sprachtherapie, die ihm hilft.

Als Anerkennung für ihre Unterstützung gelten für Mitglieder und Förderer der BVSS ermäßigte Verlagspreise. Siehe unter www.bvss.de/shop/ oder fragen Sie uns.